HEJ, JAG ÄR AUGUST!

ALLA FÅR VARA MED!

Den här varma och fina berättelsen uppmuntrar barn att vara snälla, att bjuda in andra och att glädjas åt det som gör oss olika.

Med färgglada stunder och omtänksamma möten får barnen lära sig att olikheter inte är något att vara rädd för – de är något att glädjas åt.

Perfekt för föräldrar, lärare och andra vuxna som vill prata med barn om empati, respekt och hur viktigt det är att få vara sig själv.
En berättelse som får små hjärtan att växa av vänlighet.

© **Copyright 2025 - All rights reserved.**

The content contained within this book may not be reproduced, duplicated or transmitted without direct written permission from the author or the publisher.

Under no circumstances will any blame or legal responsibility be held against the publisher, or author, for any damages, reparation, or monetary loss due to the information contained within this book, either directly or indirectly.

Legal Notice:

This book is copyright protected. It is only for personal use. You cannot amend, distribute, sell, use, quote or paraphrase any part, or the content within this book, without the consent of the author or publisher.

Disclaimer Notice:

Please note the information contained within this document is for educational and entertainment purposes only. All effort has been executed to present accurate, up to date, reliable, complete information. No warranties of any kind are declared or implied. Readers acknowledge that the author is not engaging in the rendering of legal, financial, medical or professional advice. The content within this book has been derived from various sources. Please consult a licensed professional before attempting any techniques outlined in this book.

By reading this document, the reader agrees that under no circumstances is the author responsible for any losses, direct or indirect, that are incurred as a result of the use of information contained within this document, including, but not limited to, errors, omissions, or inaccuracies.

August kropp gör inte alltid som han vill.
Han behöver hjälp med saker som att sitta, gå och prata.

Men vet du vad?
August har sitt alldeles egna sätt att berätta saker!

August säger inte så mycket med ord.
Men hans ögon glittrar när han är glad, och
hans leende visar vad han tycker om.

Och när han inte vill något... Ja, det syns också ganska tydligt!

August ser världen på sitt eget sätt.
Han älskar att titta på blinkande lampor, och tycker att glass är det bästa som finns!

Och vet du vad som får honom att skratta högt?
Hans robotdammsugare som snurrar runt på golvet!

Han älskar att leka med sina systrar, de är hans bästa vänner!
Men ibland gör kroppen det svårt att leka på samma sätt som de gör.

Men vet du vad?
Vi kan leka på olika sätt!
Vissa springer och hoppar,
andra rullar på golvet, kastar
boll eller leker tittut.

På skolgården springer barnen omrking.
August tittar på och ler.
Han vill vara med, men kroppen gör det svårt.

Augusts ögon glittrar.
Hans vän visar honom en röd boll och säger:
"Vi kan rulla bollen till varandra!"

Och så, medan barnen runtom springer och hoppar, leker August och hans vän på sitt eget sätt.

Det finns inget rätt eller fel sätt att leka, det viktigaste är att ha roligt tillsammans!

En bra kompis säger "hej" och ser till att ingen blir utanför.

En bra kompis hittar sätt att leka så att alla kan vara med och ha kul.

En bra kompis hjälper till när det behövs.

Att vara en bra kompis betyder inte att man behöver vara likadana.
En bra kompis handlar om att acceptera varandra precis som vi är.

Alla människor är unika!
Några springer snabbt, andra är bra på att måla, och några behöver hjälp med saker som att prata eller gå.

Det viktigaste är att se varandra, vara snäll, och se till att alla får vara med.
För även om vi är olika, är vi alla lika viktiga!

Den här boken är inspirerad av August och hans liv med den sällsynta diagnosen STXBP1. Genom att förstå varandra, vara snäll och inkludera alla, kan vi skapa en värld där ingen känner sig utanför.

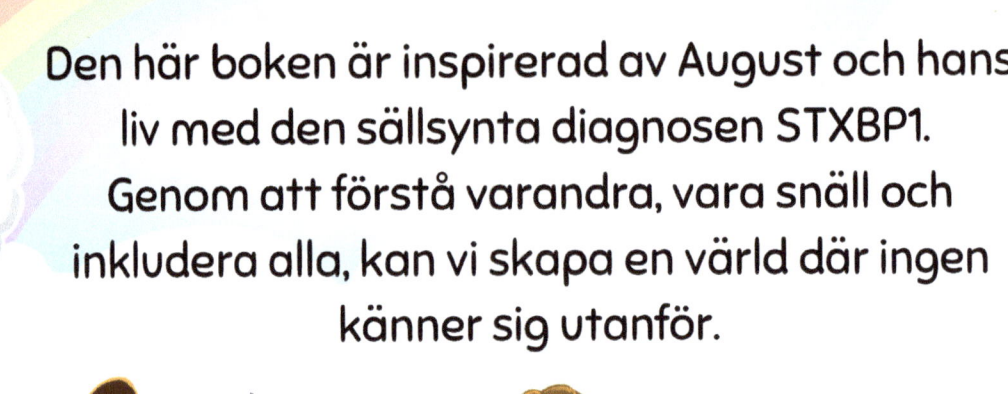

Tack för att du vill lära dig mer om hur vi alla är olika – men lika viktiga!

www.ingramcontent.com/pod-product-compliance
Lightning Source LLC
Chambersburg PA
CBHW042128040426
42450CB00002B/113